# 从远古走来的渔猎文明

## 黑龙江鱼皮、兽皮、桦树皮历史文化特展

毛泽东同志主办农民运动讲习所旧址纪念馆
黑龙江省博物馆
编著

广州农讲所纪念馆展览图册系列

SPM
南方出版传媒
广东人民出版社
·广州·

**图书在版编目（CIP）数据**

从远古走来的渔猎文明：黑龙江鱼皮、兽皮、桦树皮历史文化特展 / 毛泽东同志主办农民运动讲习所旧址纪念馆，黑龙江省博物馆编著. — 广州：广东人民出版社，2017.6

ISBN 978-7-218-11878-9

Ⅰ. ①从… Ⅱ. ①毛… ②黑… Ⅲ. ①文化史—黑龙江省—画册 Ⅳ. ①K293.5-64

中国版本图书馆 CIP 数据核字（2017）第 124591 号

Cong Yuangu Zoulai de Yulie Wenming——Heilongjiang Yupi Shoupi Huashupi Lishi Wenhua Tezhan

**从远古走来的渔猎文明——黑龙江鱼皮、兽皮、桦树皮历史文化特展**

毛泽东同志主办农民运动讲习所旧址纪念馆 黑龙江省博物馆 编著



**出 版 人**：肖风华

**责任编辑**：卢雪华
**特邀编辑**：吴 珊 黄美珠
**责任技编**：吴彦斌
**装帧设计**：广州六宇文化传播有限公司 Guangzhou Liuyu Culture Communication Co., Ltd.

**出版发行**：广东人民出版社
**地 址**：广州市大沙头四马路10号（邮政编码：510102）
**电 话**：（020）83798714（总编室）
**传 真**：（020）83780199
**网 址**：http：//www.gdpph.com
**印 刷**：广州市岭美彩印有限公司
**开 本**：889 mm × 1194 mm 1/16
**印 张**：11.5 **字 数**：150 千
**版 次**：2017年9月第1版 2017年9月第1次印刷
**定 价**：128.00元

**如发现印装质量问题，影响阅读，请与出版社**（020－83795749）**联系调换。**
**售书热线**：020－83780517 83781479

# 目录

# 前 言

茫茫无垠的北国边疆，生生不息的黑土文明，自强拼搏的民族精神，独具特色的地域文化，融汇成黑龙江地域粗犷质朴的艺术文明，而北方渔猎民族所创造出来的具有浓郁地域色彩和北国风情的“鱼皮文化”“兽皮文化”及“桦树皮文化”是其艺术形式的典型代表。它们多元融合、绚彩多姿，是北国浩瀚宇际中耀眼的繁星。悠悠渔猎情，习习白桦风，谱写出一篇又一篇雄壮恢宏的文艺华章。

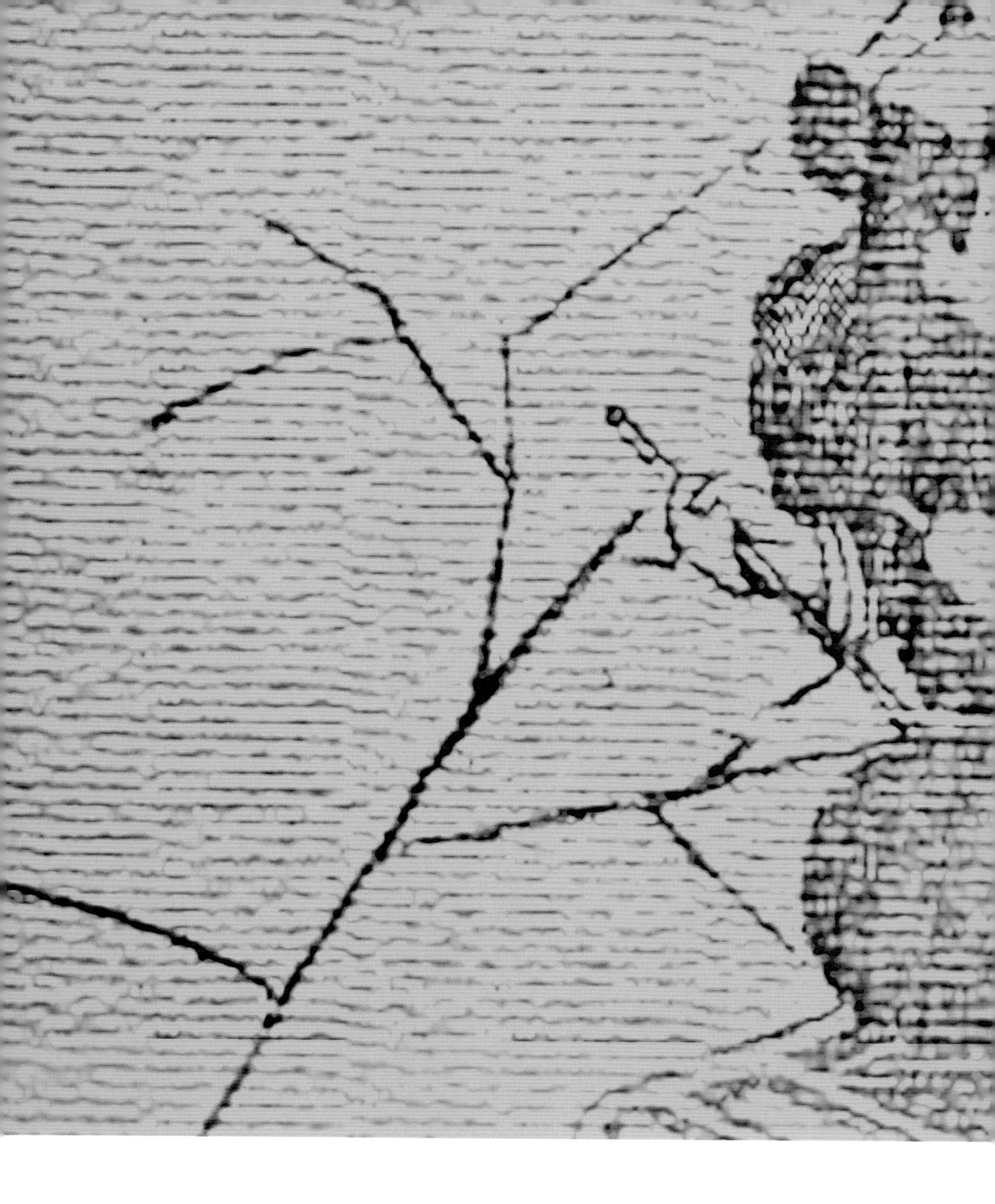

第一单元

# 三江船歌　渔乡天锦

鱼皮制作技艺，是北方渔猎民族特有的生活习俗，从而形成了具有浓郁地域特色和民族风情的鱼皮文化，并在悠久的民族发展史上占据重要地位。在长期的渔猎生活中，这一独具北方民族特色的技艺，历经发展演变传承至今，成为赫哲族（包括俄罗斯境内的那乃人）所独有的民族绝技，它是赫哲族用勤奋与智慧创造的文化，向我们展示了自然与人类的和谐。

# 鱼音环绕
## ——鱼皮文化的分布

鱼皮文化在历史上的分布空间极为广阔，地域范围大致以北纬 45° 为分界线，西起斯堪的纳维亚半岛，东至勘察加半岛，遍及整个欧亚大陆北部及其附属岛屿，形成了较为紧密的鱼皮文化圈。但随着社会的发展，鱼皮文化的民族地域范围进一步缩小，而作为一种特色文化载体却被三江流域的赫哲族传承发展了下来。

阿伊努人

那乃人

• 身着鱼皮衣的赫哲人

◎ 赫哲族女式鱼皮长袍（长 113 cm、宽 142 cm）

现代

同江市街津口赫哲族乡征集

◎ **赫哲族鱼皮手闷子（长 23.5cm、宽 14.5cm）**

现代
同江市街津口赫哲族乡征集

# 鱼韵犹存
## ——鱼皮文化的历史

鱼皮文化存在的时间十分久远，早在成书于春秋战国时期的《山海经》当中就有“玄股之国，在其（黑齿）北；其为人衣鱼食鸥”的记载，并在后世历代典籍中多有著述，绵延至今。鱼皮文化以其浓郁的民族风情和丰厚的文化积淀，历经 2400 多年的岁月的洗礼传承发展至今，以至于成为一个古老民族的文化符号。

•《皇清职贡图》中描绘的奇楞人形象

•《皇清职贡图》中描绘的费雅喀人形象

•《皇清职贡图》中描绘的赫哲人形象

史料一：北室韦、钵室韦“射猎为务，食肉衣皮。凿冰，没水中而网射鱼鳖……俗皆捕貂为业，冠以狐貂，衣以鱼皮”。——《隋书·卷八十四·列传第四十九·契丹（室韦）》

史料二：女真东北五国部、“屋惹……等国……每年惟（向辽）贡进大马、蛤珠、青鼠皮、貂鼠皮、胶鱼皮、蜜蜡之物”。——《契丹国志·卷二十二》

史料三：“乞列米……居草舍，捕鱼为食，不栉沐，着直筒衣，暑用鱼皮，寒用狗皮。”——《辽东志·卷九·外志》

史料四：“宁古塔之东北海岛一带……人有数种，鄂伦绰其一也……以养角鹿捕鱼为生，所居以鱼皮为帐……”

“奇楞在宁古塔东北二千余里亨滚河等处……以捕鱼打牲为业，男女衣服皆鹿皮、鱼皮为之……”

“库野居东海岛……亦有衣鱼皮者……”

“费雅喀在松花江极东沿海岛散处，以渔猎为生，男女俱衣犬皮，夏日则用鱼皮为之……”

“赫哲……妇女帽如兜鍪，衣服多用鱼皮而缘以色布，边缀铜铃……”——《皇清职贡图·卷三》

◎ 赫哲族男孩鱼皮衣裤(上衣: 长 58cm、宽 124cm; 裤: 长 67cm、宽 38cm)

现代

同江市街津口赫哲族乡征集

◎ **赫哲族女孩鱼皮衣裤（上衣：长 58cm、宽 124cm；裤：长 67cm、宽 38cm）**

现代

同江市街津口赫哲族乡征集

# 渔家绝技
## ——鱼皮的制作工艺

赫哲族（包括俄罗斯境内的那乃族）及其先民在长期的生活实践中积累了丰富的经验，并不断地进行摸索、尝试和总结，从而创造出一套别具一格的奇特复杂的鱼皮制作手工技艺与流程，其中就包括选料、剥皮、晾干、熟软、剪裁、缝制和装饰等诸多方面。它不仅体现了这一古老民族的辛劳与智慧，同时也传达出人与自然的和谐篇章。

剥鱼皮，即先将整条不刮鳞的鱼，用刃器在头身相接处横划一周，再顺着鱼腹竖向划剥，须只穿透鱼皮，不刺入鱼肉，然后用一只手拽住鱼头、身、腹相接处鱼皮的一角，另一只手把木刮刀伸进皮肉之间，从头身相接处到尾鳍之前，顺次划剥，须一侧一侧地进行，最后将两侧的鱼皮一同沿鱼脊背从头至尾撕下来，这样一整张带鳞的鱼皮便剥制完毕。

• 剥鱼皮

晾晒鱼皮是制作鱼皮衣饰和鱼皮器物的第二道工序。早年晾干鱼皮的方法是把剥下来的整张鱼皮，一张一张分别绷紧用木钉钉在屋内墙上，阴干若干日，使其脱水又不失韧性。冬天则在火堆旁烘干。后来，人们常常将鱼皮贴在自家院落的桦皮栅栏或仓房围墙的阴凉通风处晾干。

• 晾晒鱼皮

熟制鱼皮是制作鱼皮衣饰和鱼皮器物的重要步骤。早期熟制鱼皮是用木槌和木砧，后来随着渔猎生产的进一步改善又发明了木铡。用木铡熟制鱼皮时，先将几张鱼皮卷在一起，在每两张鱼皮之间洒一层玉米面，一人坐在铡轴一端的小凳上，将鱼皮卷横放在铡床上，两手各执鱼皮卷的一端。另一人站在另一端，手执刀柄，像铡草一样用力铡压。每铡一次，坐着的人将鱼皮卷翻一下，确保鱼皮卷的每个面都被铡压到，使之受热和熟制均匀。

•《皇清职贡图》中描绘的熟制鱼皮赫哲妇的形象

• 熟制鱼皮的赫哲人

• 用木槌砧熟制鱼皮的那乃族妇女

◎ **赫哲族木槌砧（二级，木槌：长 40cm、宽 23cm、高 9cm；木砧：长 75cm、宽 14cm、高 13.5cm）**

近现代

双鸭山市饶河县四排赫哲族乡征集

## 文物说明：

赫哲族早期熟制鱼皮的工具，赫哲语称“空库”和“亥日根”。熟制鱼皮时，将晾干的一张鱼皮叠放在木砧上，用木槌反复捶打，在捶打的过程中使鱼鳞自然脱落，从而达到使鱼皮变软的目的。由于用木槌和木砧熟皮劳动强度大、效率低，后逐渐被木铡所取代。

熟制好的鱼皮就可以进行剪裁和拼缝。在拼缝前，先用刮皮刀将熟好的鱼皮上的杂乱纤维刮干净，将不整齐的边角剪掉，然后将鱼鳍部位的开缝缝连起来，再根据鱼皮花纹的走向、颜色的深浅，将鱼皮连成大张。最后根据穿用者的性别、身材剪裁成片，缝合成衣。

• 缝制鱼皮衣饰

• 剪裁鱼皮

• 拼缝鱼皮衣饰

◎ 赫哲族狍骨线轴（长 19.5cm、宽 2.5cm）

现代

同江市街津口赫哲族乡征集

装饰是制作鱼皮衣饰的最后步骤，在大体上有绲边或镶边，缉缝装饰纹样和缀饰挂件三种艺术表现形式。绲边，即用带颜色的鱼皮、棉布或绸缎剪成花边、云纹，镶在衣边上。缉缝纹样就是将各种装饰纹样，如云卷纹、几何纹等先缝到彩色鱼皮或布片上，再缝制到鱼皮面料上。而缀挂则是将贝壳、铜铃、古钱等物直接缀饰在鱼皮衣饰上。

• 剪裁鱼皮纹饰

• 展示鱼皮纹饰

• 赫哲族鱼皮套裤

◎ **鱼鳔胶（长 18cm、宽 2cm）**

现代
同江市街津口赫哲族乡征集

## 文物说明：

鱼鳔胶是赫哲人用以粘贴木板、皮张、棉麻布、纸张的胶状物，用鳇鱼等大鱼的鱼泡制作而成。在浆糊和胶水使用传入之前，鱼鳔胶是赫哲人唯一的粘贴用品，其胶粘作用极强。

从选料、剥皮、熟软到缝制及装饰完毕这一整套鱼皮手工技艺的流程，是赫哲人及其先民在长期的生活、生产过程中发明创造、丰富完善，最终形成的基本固定的鱼皮手工技能和艺术。这一过程源于赫哲人的渔猎生活，也再现了赫哲人渔猎文化的历史。它不仅凝结着赫哲人的辛勤和智慧，同时也蕴含着赫哲人热爱生活、追求理想的丰富情感。

# 鱼锦天衣
## ——鱼皮文化的载体

赫哲人长期逐水草而居，充分利用自然赋予的资源，在“夏捕鱼作粮”的同时，用鱼皮创造出丰富多彩的生产、生活用品，堪称与自然和谐相处的典范。赫哲族的鱼皮制作物品不仅有衣服、鞋帽，也有各种各样的生产、生活用品。大到鱼皮窝棚、船帆，小到鱼皮荷包以及形式各异的鱼皮纹饰，都已成为鱼皮文化重要的组成载体。

• 熟制鱼皮的赫哲人

• 制作鱼皮饰物的赫哲族艺人

• 赫哲族鱼皮缝合画

◎ 赫哲族男式鱼皮帽（直径 20cm、通高 18cm）

现代

同江市街津口赫哲族乡征集

◎ 赫哲族女子鱼皮头饰（长 50cm、宽 15.5cm）

现代

同江市街津口赫哲族乡征集

两件套的鱼皮衣裤是赫哲族最常见的鱼皮服饰，分为男式鱼皮衣裤，女式鱼皮衣裤和儿童鱼皮衣裤几种样式。这种鱼皮上衣和鱼皮裤子的出现，多数情况下是受汉文化的影响和出于适应生产生活的需要而产生的。这种传统技艺制作的鱼皮衣裤，不仅仅透露出其内在的实用功能，同时也洋溢着古朴的韵味。

• 赫哲族鱼皮衣饰

• 赫哲族女式鱼皮衣

• 缝制鱼皮衣饰

◎ 赫哲族男式鱼皮衣裤（上衣：长82cm、宽162cm；裤：长110cm、宽56cm）

现代

同江市街津口赫哲族乡征集

◎ **赫哲族女式鱼皮衣裤（上衣：长 76cm、宽 143cm；裤：长 100cm、宽 51.5cm）**

现代

同江市街津口赫哲族乡征集

鱼皮鞋，俗称“鱼皮靰鞡”，赫哲语称“温他”，一般采用怀头、哲罗、细鳞等鱼皮制作,由靰鞡身、脸、勒三部分组成,是赫哲族的靴型冬用鞋。穿时絮上“靰鞡草”，外用鱼皮绑腿裹紧系牢，可保履冰踏雪数小时足部仍温热不寒。鱼皮鞋既防滑保暖又灵巧轻便，是赫哲族冬季狩猎时常备之物。

• 鱼皮靰鞡

• 白布鞠鱼皮男靴

◎ 赫哲族鱼皮靰鞡(长 29cm、宽 15cm)

现代
同江市街津口赫哲族乡征集

• 靰鞡鞋与靰鞡草

萨满教作为一种古老的原始宗教，广泛流行于满－通古斯语族的各民族当中，而赫哲族也出于对鱼类的崇拜和与鱼类朝夕相处的密切关系，同时受鱼皮服饰的启发，形成了带有浓郁本民族特色的萨满服饰文化。早期的萨满神服、萨满神饰及萨满神具无一不是由鱼皮制作而成。鱼皮绚丽的色彩，在有意或无意间使颇具奇幻色彩的萨满及其仪式更具神秘气息。

• 鱼皮剪贴画——萨满舞

◎ 赫哲族鱼皮萨满服——神帽（直径18cm、高26cm，飘带长52cm、宽5.5cm）

现代
同江市街津口赫哲族乡征集

◎ 赫哲族鱼皮萨满服——神袍（长139cm、宽162cm）

现代
同江市街津口赫哲族乡征集

◎ 赫哲族鱼皮萨满服——神镜（直径 18.5cm）

现代

同江市街津口赫哲族乡征集

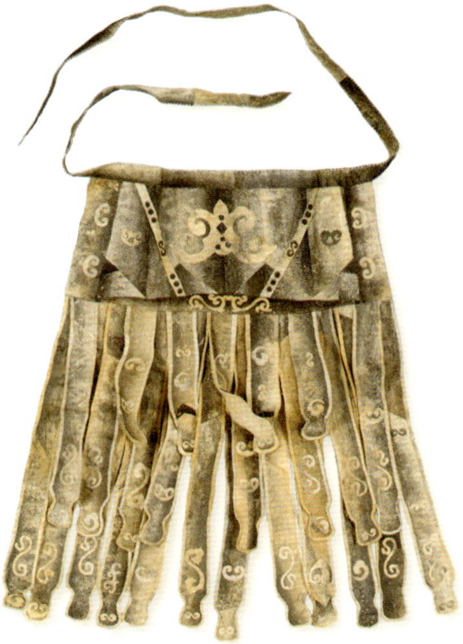

◎ 赫哲族鱼皮萨满服——神裙（长 76cm、宽 54.5cm）

现代

同江市街津口赫哲族乡征集

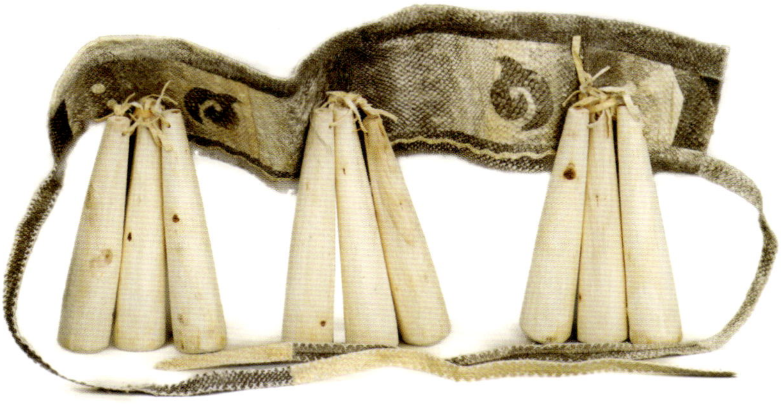

◎ 赫哲族鱼皮萨满服——腰铃带（长 51cm、宽 9.5cm）

现代

同江市街津口赫哲族乡征集

◎ 赫哲族鱼皮萨满服——神鞋（长 29cm、宽 15cm）

现代

同江市街津口赫哲族乡征集

◎ 赫哲族萨满神鼓（直径40cm、侧高5cm）

现代

同江市街津口赫哲族乡征集

◎ 赫哲族鹰神偶（长 22cm、宽 9cm、厚 3cm）

现代
同江市街津口赫哲族乡征集

◎ 赫哲族布谷鸟神偶（长 26cm、宽 6cm、厚 2.5cm）

现代
同江市街津口赫哲族乡征集

◎ 赫哲族钻洞神偶（长 21.5cm、宽 8cm、厚 2.5cm）

现代
同江市街津口赫哲族乡征集

◎ **赫哲族萨满保护神偶（高 20cm、宽 7.5cm、厚 2.5cm）**

现代

同江市街津口赫哲族乡征集

- 赫哲族太阳神偶（高 25.5cm、宽 7.2cm、厚 2cm）与赫哲族月亮神偶（高 24cm、宽 8cm、厚 2cm）

◎ **赫哲族萨满调兵神偶（高 25.5cm、宽 7.2cm、厚 2cm；高 24cm、宽 8cm、厚 2cm）**

现代

同江市街津口赫哲族乡征集

## 单元结语：

古老的鱼皮文化是白山黑水古老先民智慧的结晶，正是这片神奇土地上丰富的鱼类资源，孕育出了人与自然和谐优美的华彩乐章。历经岁月的洗礼和文化的积淀，它似乎并未远去，依旧闪烁出独特的民族文化风情和绚丽多姿的远古文化艺术色彩。

第二单元

# 林海寻踪　蕴美兴安

兽皮文化几乎是世界上每一个民族幼年时期共有的一种文化，它是古老狩猎生活的一种文化载体。随着历史、科技的前进和发展，原始兽皮制作技艺这种古老的生存方式也在逐渐消亡。而那极富地域特色和民族风情的兽皮制作技艺，却依然保留在中国东北这片神奇的土地上，被世居林海的鄂伦春、鄂温克等北方游猎民族完整地继承和发展下来，成为黑土地上极为珍贵的民族文化遗产。

# 星罗棋布
## ——兽皮文化的分布

兽皮文化分布十分广泛，在亚洲、欧洲、美洲均有类似的考古发现，表明兽皮在原始社会中被广泛应用于生产和生活当中。随着欧亚大陆相继进入农耕文明，兽皮文化的地域范围也逐渐缩小，而在满－通古斯语族和蒙古族中仍然保存着这种古老厚重的文化，范围大致西起叶尼塞河、东到库页岛、北至外兴安岭、南达蒙古高原。

• 身穿狍皮服饰的鄂伦春族儿童

• 身着狍皮服饰的鄂伦春族猎人

• 身着狍皮服饰的鄂伦春族妇女

◎ 鄂伦春族狍皮被（长 180cm、宽 150cm）

现代
黑河市爱辉区新生鄂伦春乡征集

## 文物说明：

北方游猎民族行猎野宿时的睡具，鄂伦春语称“乌鲁达”，达斡尔语称“朱拉尔斯嫩波斯”。用八张狍皮制作，无毛面缀六组长皮条，可用皮条将卷成皮卷的皮被扎紧。这种皮被轻便易带，是游猎民族生活经验的结晶。

# 远古呼啸
## ——兽皮文化的历史

兽皮文化的历史发端几乎与人类的诞生相踵，世界上几乎每一个民族的幼年时期都是在兽皮的围裹中度过的。同时，兽皮文化也是与人类接触时间最长的一种文化类型，直至今日的羊皮袄、貂皮衣、獭皮帽等都是这种文化的遗存和具体的表现形式。悠悠千载，岁月流转，我们似乎都不曾忘记这种文化的存在。

兽皮文化的遗迹几乎遍及世界各地。距今约 40 万年前地中海南岸的“阿马塔遗址”，是迄今为止人类发现最早使用兽皮的文化遗迹。而在中国境内可推至 7 万至 10 万年前，在河北武安“磁山文化”遗址中就出土有铺用过的兽皮，这也是中国考古中直接出土兽皮遗迹最早的纪录。

• 伏羲像

• 磁山文化遗址

◎ 鄂伦春族狍腿褥子(长 180cm、宽 83cm)

现代

大兴安岭地区呼玛县白银纳乡征集

## 文物说明:

鄂伦春语称“苏克图恩”,长方形,用狍腿皮缝制而成,拼对花纹古朴美观,褥边镶有黑色熊毛,褥面点缀若干熊毛,是鄂伦春族的床上用品。

伴随着农耕文明的演进和养蚕缫丝技术的发展，兽皮服饰逐渐远去，但对于远离中原地区的古代北方少数民族来说，兽皮仍然是其生活必须品，在众多古代文献中都有较为详细的记载。至近现代，随着地域和民族范围进一步缩小，兽皮文化及其制作技艺仍被鄂伦春、鄂温克等北方狩猎民族较好地传承和发展下来，成为其普遍的生活技能。

• 《文姬归汉图》（金 · 张瑀）

• 《皇清职贡图》中描绘的鄂伦春人形象

• 《皇清职贡图》中描绘的恰喀拉人形象

• 《皇清职贡图》中描绘的七姓人形象

• 清朝官员向黑龙江下游和库页岛居民征收贡赋（《东韃纪行》）

史料一："肃慎国去辽东三千余里，穴居，无衣，衣猪皮，冬以膏涂体，厚数分，用却风寒。"——《山海经·大荒北经》

史料二："挹娄，古肃慎之国也。……处于山林之间，土气极寒，常为穴居……好养豕，食其肉，衣其皮。"——《后汉书·卷八十五·东夷列传第七十五》

史料三："靺鞨……其畜宜猪，富人至数百口，食其肉而衣其皮。"——《旧唐书·卷一百九十九·列传一百四十九·靺鞨》

史料四："（女真）贫者……衣牛、马、猪、羊、猫、犬、鱼、蛇之皮。"——《三朝北盟会编·政宣上帙三》

史料五："恰喀拉……男以鹿皮为冠……岁进貂皮。""赫哲……男以桦皮为帽，冬则貂帽狐裘……岁进貂皮。"——《皇清职贡图·卷三》

◎ 金代铁刮刀(三级,长 32cm、宽 2.2cm)

金代

肇东八里城出土

◎ 鄂伦春族女式毡帽（直径 28cm、高 27cm）

现代

大兴安岭地区呼玛县白银纳乡征集

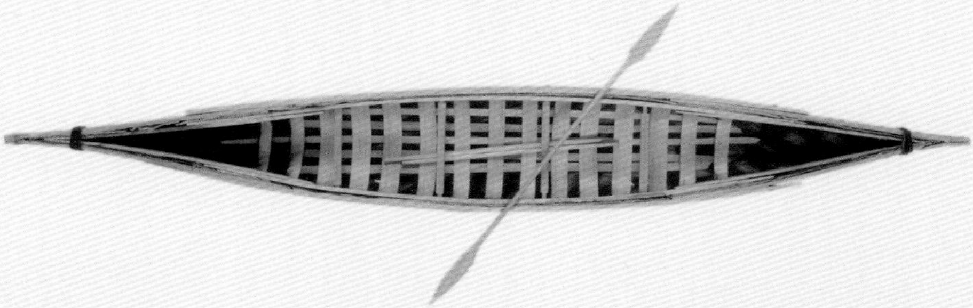

◎ 鄂伦春族兽皮船模型（船长 170cm、宽 20cm、高 10cm；单桨长 68cm、宽 3.3cm；双桨长 39cm、宽 1cm）

现代

大兴安岭地区呼玛县白银纳乡征集

◎ **鄂伦春族狍皮围子**

现代
大兴安岭地区呼玛县白银纳乡征集

## 文物说明：

鄂伦春语称“额勒敦”，狍皮缝制，呈等腰体形，四边以卷云纹装饰，是鄂伦春人冬季“斜仁柱”的苫盖物。“斜仁柱”是鄂伦春人定居前，在山林中的传统居所，鄂伦春人定居后，只在秋冬季外出打猎时才偶尔搭建，用以栖身或暂避风寒。

# 猎民绝艺
## ——兽皮的制作工艺

古老的兽皮衣饰是人类顺应自然、改造自然的产物，远古先民从只会剥离兽皮围裹身体到制作各类兽皮衣饰，经过岁月的洗礼、历史文化的积淀，从而形成了一整套复杂的兽皮加工工艺。古老的狩猎文化，精湛的制作技艺，成为黑土地上一颗颗神奇的种子，播撒在茫茫林海中，并孕育出一朵朵散发着民族芳香的地域奇葩。

北方游猎民族深谙剥皮技艺，动作娴熟利落，用尖刀先将前腿的皮由蹄部向上划开，再从咽喉至后腿胯下沿中线将肚皮剖开，一手拽住肚皮边缘，另一手握成拳头在皮肉之间用力向内摳，到后腿时用刀尖顺着划到蹄子，待躯干的皮肉完全剥离、仅剩头部时，用脚踩住脖子，双手握住皮子戗着头皮用力拽，至此一张狍皮即被完整地剥离下来。

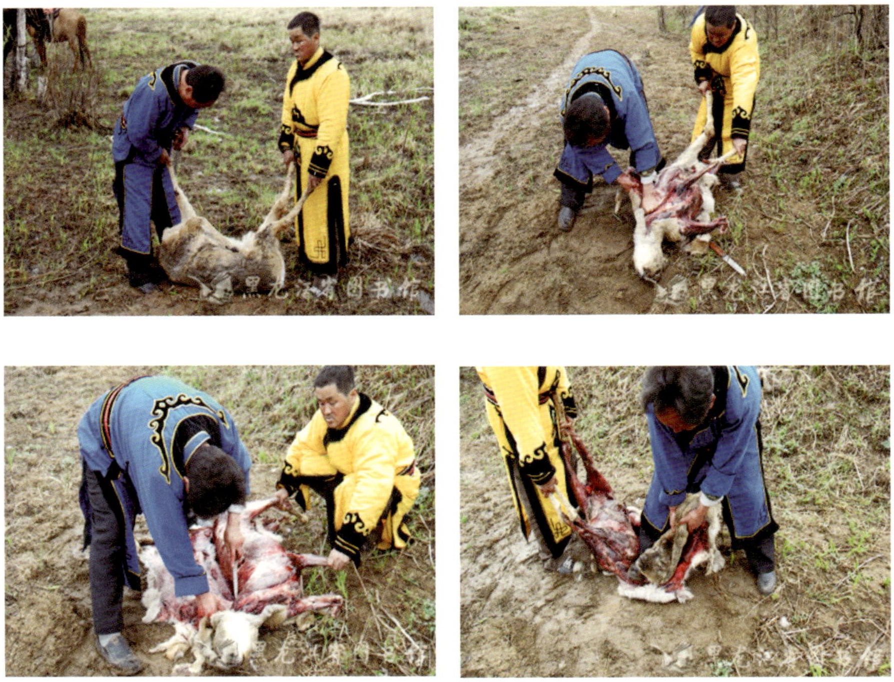

• 剥离狍皮

◎ 鄂伦春族猎刀（二级，长 33cm、宽 5cm、高 4cm）

近现代

大兴安岭地区呼玛县白银纳乡征集

早期晾晒兽皮的方法是用细桦木杆按着比待晾兽皮略大的尺寸绑好一架长方形木框，将皮子的四边每隔 10cm 左右开一孔，再用细长绳逐孔穿过绷在木框上，类似于今日的蹦床或南方的“棕绷床”，然后将木架支起，让无毛面斜向上风干。而近年仅用简易的办法，即无毛面向外搭在一通风处的横木杆上，进行晾晒。

• 晾晒狍皮

晾晒后的狍皮无毛面一般会残余较多的硬肉筋膜，为去除这些硬肉筋膜，在长期的生活实践中鄂伦春人摸索发明出一道独特工序——发酵，即把生狍肝稍兑热水捣烂，把狍皮毛向下铺到木板或较干净的地上，用乌拉草蘸着狍肝浆水均匀地在皮板上涂抹一层，然后把狍皮毛朝外折叠卷紧，置于阴凉处，1-2 天后便可以进行鞣皮工序。

• 发酵狍皮

◎ 赫哲族木刮刀（三级，长 84cm、宽 2.4cm）

近现代

黑龙江省博物馆馆藏

刮、梳是鞣皮的关键工序。刮梳狍皮需用刮皮刀“克得热”和鞣皮刀“毛丹”两种工具。熟皮时，人坐在矮凳或直接坐在地上，两脚夹住待熟皮子的一角，使其皮板朝上，双手握住皮刀两端，刃部贴住皮板，由脚部向怀内回拉。先用刮皮刀反复刮揉，待皮板上残存的皮膜和污垢暴起，再用鞣皮刀将其刮掉。如此反复交替进行，直至皮板雪白、柔软、富有弹性。

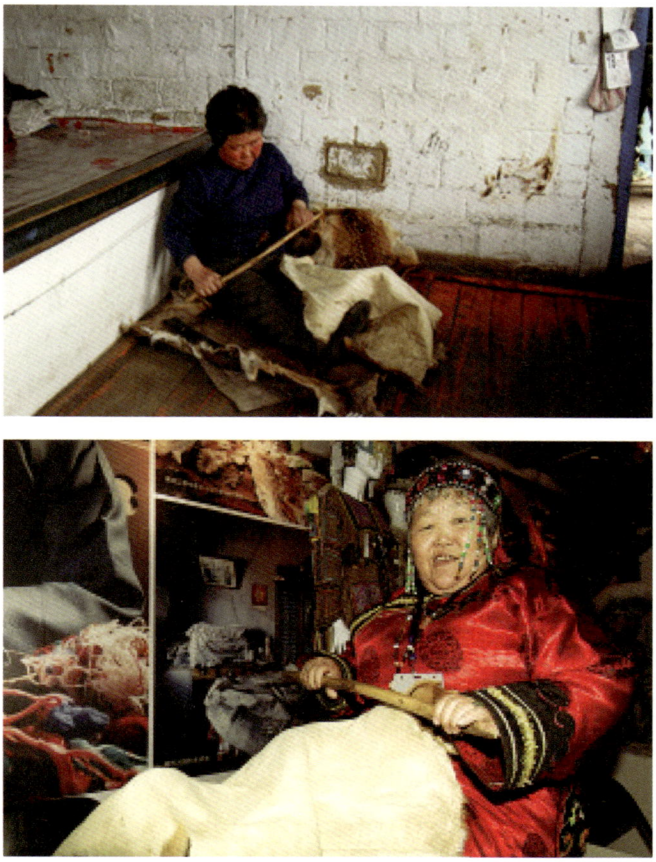

• 鞣制狍皮

• 刮皮刀“克得热”

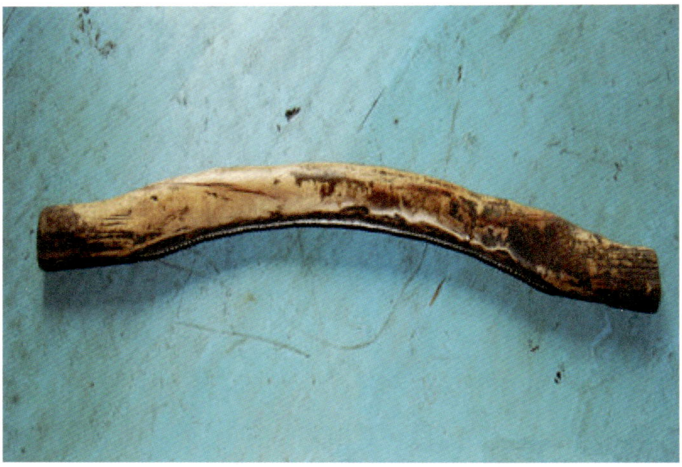

• 鞣皮刀“毛丹”

◎ 鄂伦春族刮皮刀（长 56cm、宽 5.5cm）

近现代
黑河市爱辉区新生鄂伦春乡征集

## 文物说明：

鄂伦春族鞣皮工具，鄂伦春语称“克得热”，铁制、长方形、刃内凹、背部略卷曲。主要用于刮去皮板上的皮膜和肉丝等，有时亦用来刮去野猪、熊、驼鹿等大型动物皮张的毛。

◎ 鄂伦春族鞣皮刀（长 66cm、宽 3cm）

近现代

黑河市爱辉区新生鄂伦春乡征集

## 文物说明：

鄂伦春族鞣皮工具，鄂伦春语称“毛丹”，木背、钢刃、锯齿，两端为木柄。主要用于刮除发酵后兽皮的肉丝和脂肪。

抻拉是鞣皮的最后一道工序，即先将一些腐朽的木块放在瓦盆里点燃，几个人围坐在火盆四周，各自拽住熟好的皮子的一角，将其毛朝上皮板朝下置于火的上方边烤边均力地向四周抻拉，使皮子变得更加平展、柔软而富有弹性。

• 抻拉兽皮

◎ 鄂伦春族狍皮女挎包（长 29cm、宽 22cm）

现代

大兴安岭地区呼玛县白银纳乡征集

长期的生活经验使北方游猎民族掌握了各类皮子的特质，根据不同季节不同部位的皮质选用兽皮，可制作不同的衣饰。例如冬季的狍皮毛长而密，呈青色，防寒力强，适宜做冬装。夏季的狍皮毛短而薄，呈褐红色，适宜做春夏的衣装。秋季狍会长出青黑色的毛，这时狍并未长出较长的绒毛，毛又十分短，特别适宜制作手闷子和手套。

• 鄂温克族狍皮手闷子

• 鄂伦春族狍皮手闷子

◎ 鄂伦春族狍皮手闷子（长 41cm、宽 14cm）

现代
黑河市爱辉区新生鄂伦春乡征集

## 文物说明：

鄂伦春族的御寒手衣，鄂伦春语称“考胡鲁”。用熟好的长方形狍皮，上端部分缝成筒状，作为腕以上部分的套筒；下端部分抽褶作为手背。另用一块狍皮与手背狍皮缝合，拇指与其余四指分开。在手腕处留一横向开口，便于狩猎射击时将手伸出；横口边沿以细毛皮绲边，以防灌风。这种手套保暖性好、灵活性强，是北方游猎民族冬季狩猎时最喜欢佩戴的手套。

◎ 鄂伦春族绣花狍皮手套（长 25cm、宽 11cm）

现代

黑河市爱辉区新生鄂伦春乡征集

◎ 鄂伦春族补花狍皮手套（长 25cm、宽 11cm）

现代

黑河市爱辉区新生鄂伦春乡征集

## 文物说明：

鄂伦春族防寒手衣，鄂伦春语称“沙拉耶开依”。既有带毛皮制作的，也有光板皮制作的。材质除狍皮外，还有鹿皮，甚至有里面衬以灰鼠皮的。在手背上一般绣有彩色纹饰，有的在指背上也绣有纹饰点缀。

鄂伦春族用在兽皮上的纹饰主要有补绣的剪皮花和刺绣纹饰。皮花质料多是去毛染色的狍皮，图案主要有云卷纹、植物纹、盘条纹、盘长纹、弓箭形纹、鹿角形纹、动物纹，同时还有借鉴纹样如“万”字纹、“寿”字纹等。刺绣则使用五彩丝线直接绣在皮板上，图案多以写实的花草为主。

• 鄂伦春族绣花狍皮女手套

• 鄂伦春族补花狍皮男手套

• 鄂伦春族绣花烟荷包

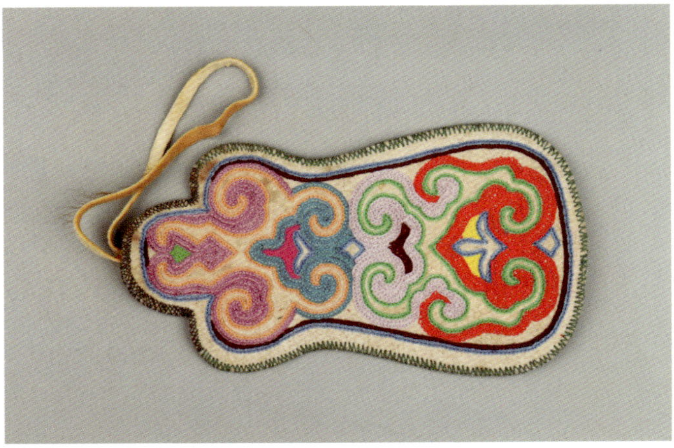

◎ 鄂伦春族绣花烟荷包（长 22cm、宽 12cm）

现代

大兴安岭地区呼玛县白银纳乡征集

◎ 鄂伦春族绣花烟包（长 14cm、宽 8cm）

现代

黑河市爱辉区新生鄂伦春乡征集

◎ 鄂伦春族彩绣腰带佩饰（烟袋荷包：长 47cm、宽 11.5cm；烟荷包：长 21cm、宽 11.5cm；葫芦形荷包：长 16cm、宽 9cm；菱形荷包：长 10cm、宽 9cm；小荷包：长 9cm、宽 8.5cm）

现代

黑河市爱辉区新生鄂伦春乡征集

独特的生产、生活方式造就了鄂伦春人制作衣饰的独特经验和方法。近代裁剪的工具是铁剪，铁剪传入之前则用石器划割。在缝制皮衣时，裁剪只用手量，皮袍裁成 6 块：上背、后襟、前胸、前襟、左袖和右袖；皮袄裁成 5 块：后襟、前左襟、前右襟、左袖和右袖。大件衣物裁完，遗余的边角料可做烟荷包、火镰袋或背包等。

• 鄂伦春族镶花皮包

• 鄂伦春族烟荷包

• 鄂伦春族顶针

◎ 鄂伦春族镶花皮包（长 41cm、宽 34cm）

现代

大兴安岭地区呼玛县白银纳乡征集

◎ 鄂伦春族狍皮烟口袋（长 45cm、口径 17cm、底宽 20.5cm）

现代

大兴安岭地区呼玛县白银纳乡征集

缝制各种兽皮服饰采用的是狍筋线、鹿筋线或犴筋线，这种线非常结实，往往衣服穿坏也不会绽线，而皮张的染色也多用烟灰或植物的天然色素染成。这充分体现出北方游猎民族与自然和谐相处，善于利用天然资源丰富其物质生活的勤劳和智慧。

• 犴筋线

• 制作狍筋线

• 缝制狍皮衣

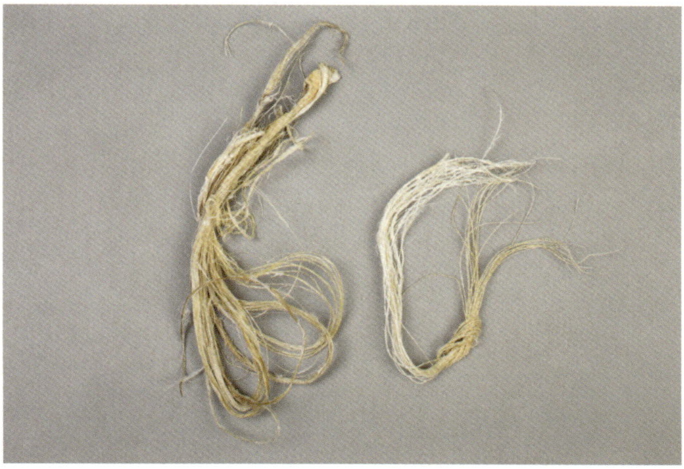

• 狍筋

◎ 鄂伦春族铜顶针（高 2cm、顶径 1.5cm、底径 2cm）

现代

大兴安岭地区呼玛县白银纳乡征集

◎ **鄂伦春族毛皮包(长 24cm、宽 26cm)**

现代

黑河市爱辉区新生鄂伦春乡征集

◎ **鄂伦春族毛皮包（长 26cm、宽 26cm）**

现代
黑河市爱辉区新生鄂伦春乡征集

## 文物说明：

鄂伦春语称“窟地”，是一种专门用来盛装妇女贵重物品的毛皮口袋，多为姑娘结婚时的嫁妆。其上的花色、图案非常多，是利用各种动物皮毛的自然色彩，巧妙搭配而成的镶嵌制品。图案错落有致，色调明快协调。中间部分用五色丝线绣出具有象征性的“团花”“盘长”“卷子云”等图案装饰，是颇具狩猎文化特征的民间手工艺品。

# 渔猎情怀
## ——兽皮文化的载体

世代游猎，“食肉衣皮”的习俗，创造了少数民族极富特色的兽皮技艺，并代代相传。随着现代化经济的发展，兽皮服饰逐渐被取代，传统的兽皮制作技艺也逐渐萎缩。传统的兽皮服饰和制品除进入博物馆外，大多还在大型民族节日活动和上山狩猎时使用，而各种装饰美观的兽皮背包、荷包等也作为工艺品，成为具有浓郁民族文化风情的旅游纪念品。

狍皮袍，鄂伦春语称“苏恩”，男女皮袍均为右衽大襟，用冬季的狍皮制作。男女皮袍的样式稍有差异，男袍略短，袍襟仅及膝下，女袍则没及脚面；女袍在大襟、开衩、袖口以及脖领周围均绣有花纹，男袍则在皮袍开衩处镶有黑色的皮子；女袍仅左右开衩，而男子为骑马和行动的方便，不仅左右开衩，而且前襟后襟也要开衩。与此同时，青年和儿童穿着的皮袍一般要染成黄色。

• 鄂伦春族男式狍皮衣

• 鄂伦春族女式长袍

• 身着狍皮服饰的鄂伦春人

• 身着狍皮服饰的鄂伦春族女子

◎ 鄂伦春族男子狍皮服饰——狍头帽（直径 20cm、高 40cm）

现代

黑河市爱辉区新生鄂伦春族乡征集

◎ 鄂伦春族女子狍皮服饰——毡帽（直径 19cm、高 31cm）

现代

黑河市爱辉区新生鄂伦春族乡征集

◎ 鄂伦春族男子狍皮服饰——狍皮上衣（长 105cm、宽 160cm）

现代

黑河市爱辉区新生鄂伦春族乡征集

◎ 鄂伦春族女子狍皮服饰——狍皮长袍（长 100cm、宽 156cm）

现代

黑河市爱辉区新生鄂伦春族乡征集

◎ 鄂伦春族男子狍皮服饰——狍皮套裤（长 84cm、宽 29cm、裤口 21cm）

现代

黑河市爱辉区新生鄂伦春族乡征集

◎ 鄂伦春族女子狍皮服饰——狍皮套裤（78cm、上宽 28cm、裤口 21cm）

现代

黑河市爱辉区新生鄂伦春族乡征集

## ◎ 鄂伦春族女子头饰（长 56cm、宽 6cm；长 54cm、宽 8cm）

现代

大兴安岭地区呼玛县白银纳乡征集

◎ 鄂伦春族女子绣花挎包（长 36cm、宽 32cm）

现代

黑河市爱辉区新生鄂伦春乡征集

狍皮裤，鄂伦春语称“纳纳额勒开依”，冬季穿用的用带毛狍皮制作，夏季穿用的则去掉毛。男女皮裤早年形制差异较大，男子裤筒短，裤腰宽，穿时需重折一段，用皮条抿腰系扎，再穿套裤。而女裤腿长及脚面，裤腰两侧开衩，前幅上接及胸的兜肚，兜肚上端有带，系在脖子上，后腰两端缀带子，系到前面腰腹处。直到民国，由于受外界影响渐多，男式裤筒渐长，女裤去掉兜肚，式样始趋一致。

• 鄂伦春族狍皮套裤

◎ 鄂伦春族狍皮套裤（长 74cm、上宽 30cm、裤口 18cm）

现代

大兴安岭地区呼玛县白银纳乡征集

## 文物说明：

鄂伦春语称“阿木苏”，是两只不相连的半截裤腿。用夏季的狍皮制作，上为斜口，前长后短，上下缀有皮绳，穿时上端皮绳系在腰间，下端皮绳系在靴鞡上，冬季可保护鞡鞋不进雪。皮套裤具有轻巧、耐磨、防寒、防潮等优点，深受北方游猎民族喜爱。

鄂伦春族所穿的鞋子有“其哈密”“温得”“奥路其”三种。“其哈密”是冬天穿的短靿皮靴，靴帮用狍腿皮制成，靴底用狍脖子皮制成。这种鞋保暖轻巧，走路声音较小，是狩猎时常穿的鞋子。“温得”也是鄂伦春族冬天穿用的皮靴，样式同“其哈密”相同，用鹿犴的下腿皮制作，但“温得”的靴靿比“其哈密”高，下雪天可防止雪进入鞋里。“奥路其”是夏天穿的鞋，是一种布靿皮底靴，靴底用熊皮或野猪皮制作，靴靿用多层布缝纳，内絮少许乌拉草防止硌脚。

• 鄂伦春族狍皮袜

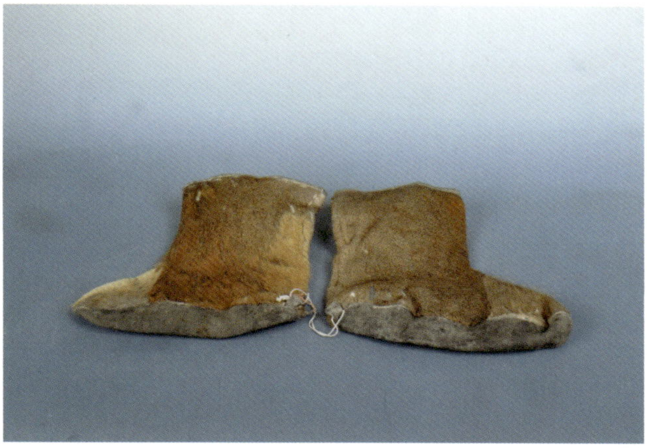

• 鄂伦春族“其哈密”

• 鄂伦春族狍皮靴

◎ 鄂伦春族“温得”（高 28cm、长 29cm、宽 9cm）

现代

大兴安岭地区呼玛县白银纳乡征集

◎ 鄂伦春族“其哈密”（高 27cm、长 24cm、宽 12cm）

现代

黑河市爱辉区新生鄂伦春乡征集

兽首帽又称狍头帽，鄂伦春语称“灭塔哈”，赫哲语称“阔日布恩处”，由一个完整的狍头皮制成。一种是把双耳双角均保留，还有一种是过去猎人外出打猎时经常戴的，这种狍头帽用秋季的狍头皮制作，做时先将狍脑剔除，保留完整的狍头皮，眼圈处镶黑皮子，再将双耳割掉，用狍皮做两只假耳，否则在山林中会被猎人误认为是真狍子而产生危险，再在头皮下端镶一圈皮子，卷在上边作为帽沿，冷时放下充当帽耳取暖，是极具北方渔猎风情的冬季用帽。

• 鄂伦春族狍头帽

◎ 鄂伦春族兽首帽（直径 24cm、高 19cm）

现代

黑河市爱辉区新生鄂伦春乡征集

萨满教作为一种古老的原始宗教，广泛流行于满－通古斯语族的各民族当中，同时也形成了带有浓郁北方狩猎文化特色的萨满服饰文化。萨满神服、萨满神饰及萨满神具无一不是由兽皮制作而成。头戴鹿角帽，身着兽皮萨满服饰的萨满不仅是人与神联系的媒介，同时也是人们精神上的一种寄托。

• 雪地中飞舞的萨满

• 萨满神裙

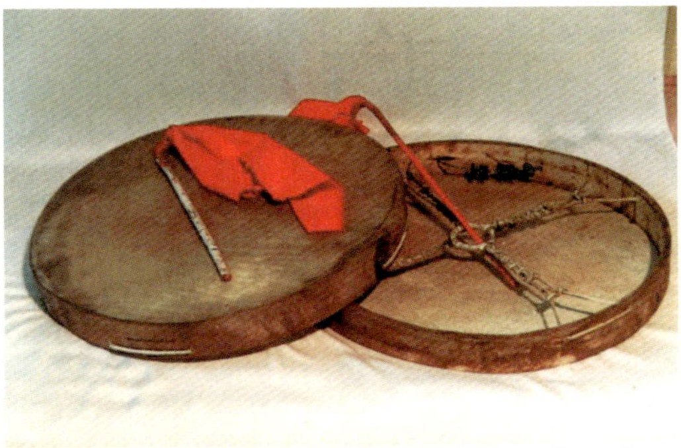

• 萨满神鼓

• 萨满服饰上的彩绣纹样

◎ 鄂伦春族萨满服饰——神帽（直径 22cm、高 28cm）

现代

大兴安岭地区呼玛县白银纳乡征集

## ◎ 鄂伦春族萨满服饰——神袍（长 130cm、宽 172cm）

现代

大兴安岭地区呼玛县白银纳乡征集

◎ 鄂伦春族萨满鼓槌（长 27cm、宽 3cm）

现代

大兴安岭地区呼玛县白银纳乡征集

## 单元结语：

古老的狩猎文化，是中国先民史上曾共有的一种文化，伴随着农耕文明的演进和养蚕缫丝技术的发展，古老的兽皮服饰也逐渐远去，淡出人们的视线。而远在北方的狩猎民族却依然继承和发展着这一文化，巍巍兴安岭，茫茫桦松海，时至今日兽皮文化仍以其独特的魅力闪烁着耀眼的光辉。

第二单元

# 悠悠白桦　千载神韵

亭亭玉立、婀娜多姿的白桦树是黑龙江流域极富代表性的树种。白桦与黑龙江流域世居民族的生活有着千丝万缕的联系，不仅形成了色彩鲜明的地域文化，同时也形成了北半球高纬度白桦生长带中众多少数民族共有的文化——桦树皮文化。如今，生活在中国东北北部地区的鄂伦春、鄂温克、赫哲、达斡尔等民族，仍保留着这种色彩鲜明的文化。

# 北纬繁星
## ——桦树皮文化的分布

桦树皮文化作为一种世界性的文化，它环绕北极圈，贯穿欧亚大陆和北美洲的北部，具体范围大致从北纬 40° 到北纬 70° 之间，基本囊括了整个北寒温带和部分北寒带地区，从而形成了一条漫长而宽阔的环带。至今，这条环状地带上的民族仍在不同程度上保持着这种特有的文化。

• 茂密的北国白桦林

• 制作桦树皮工艺制品的鄂伦春族艺人

• 鄂温克族桦皮篓

◎ 赫哲族桦皮盒（长 20.5cm、宽 11cm、高 16cm）

现代

双鸭山市饶河县四排赫哲族乡征集

◎ 鄂伦春族桦皮烟盒（长 8cm、宽 2cm、高 8cm）

现代

大兴安岭地区呼玛县白银纳乡征集

# 跨越千年
## ——桦树皮文化的历史

桦树皮文化的历史极为悠久，从世界范围来看，早在旧石器时代晚期就已出现。在我国境内最早出现这种文化可追溯到西周初年，距今 2000-3000 年。在莺歌岭遗址上层一号房址中，就曾出土了一件桦树皮器，由此可见，早在 2000-3000 年前，桦皮制品就和生活在黑龙江地区的古代先民们结下了不解之缘。

• 莺歌岭遗址

• 地图上所标注的莺歌岭遗址的位置

• 鄂伦春族桦皮帽盒

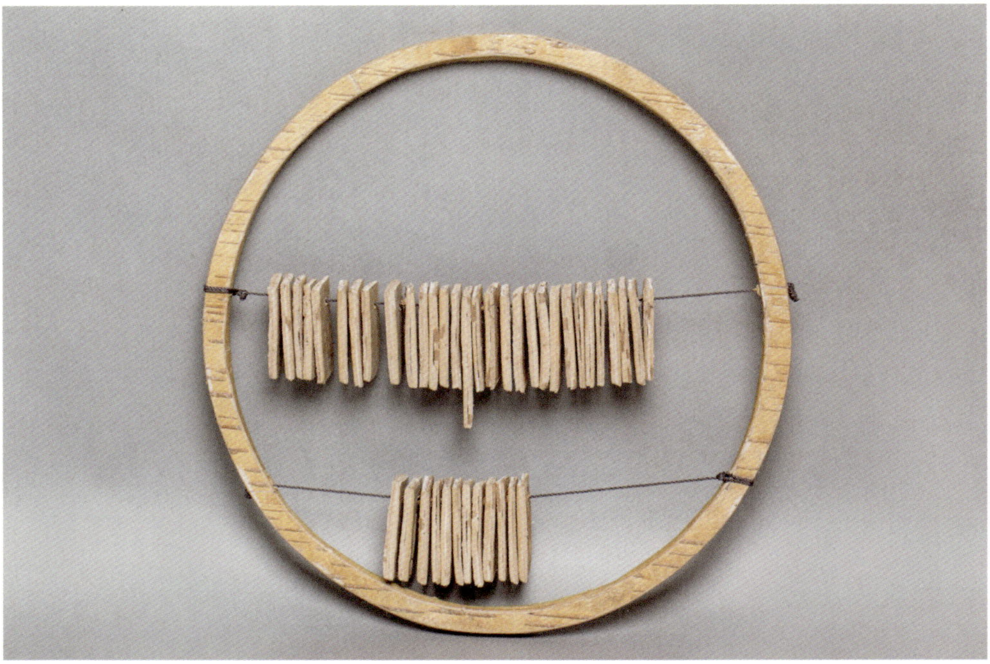

◎ 赫哲族木片日历（直径 29cm；木片长 5cm、宽 4cm）

现代

双鸭山市饶河县四排赫哲族乡征集

◎ 鄂伦春族桦皮圆盒（直径 21cm、高 8cm）

现代

大兴安岭地区呼玛县白银纳乡征集

《山海经·海外西经》中曾记载："肃慎之国，在白民北。有树名雄常，先入伐帝，于此取之。"这是中国现存文献中有关树皮文化的最早记载。而桦皮文化有确切史料的记载则在南北朝时期，《南史·列传五十七》就曾有"胡绛衣，桦皮装弓，两端骨弭"的记载，可见当时桦皮器物已广泛用于少数民族的狩猎和作战当中。

• 海南黎族树皮衣

• 正在射猎的鄂伦春人

• 在白桦林中穿行的鄂伦春族猎人

◎ 仿桦皮器陶罐（一级，口径 7.8cm、底径 8cm、高 10cm）

青铜时代

肇源白金宝文化遗址出土

◎ 赫哲族桦皮箭囊（长 70cm、宽 20cm）

现代

双鸭山市饶河县四排赫哲族乡征集

辽金时期，崛起于白山黑水之间的女真人，“依山谷而居，联木为栅屋，高数尺，无瓦，覆以木板或桦树皮，以革缪之。”在《大金国志·初兴风土》中也曾记载：“以桦皮为角，吹作呦呦声，呼麋鹿，射而啖之。”可见桦树皮是当时女真人的重要的生活和狩猎用品。

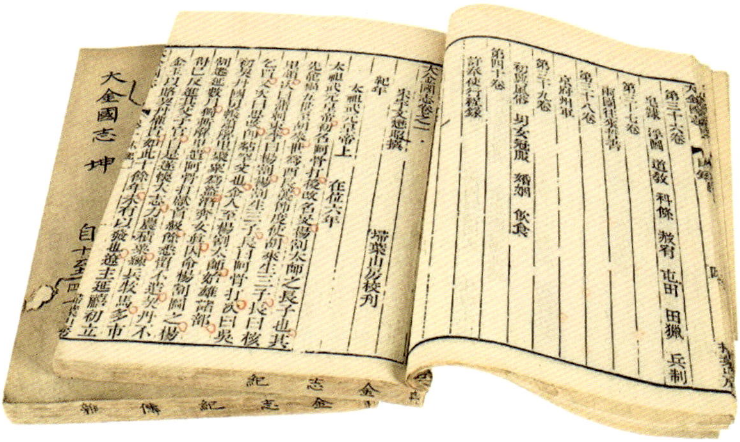


• 《大金国志》

• 亚沟石刻女真武士图像

• 鄂温克族鹿哨

◎ 赫哲族桦皮鹿哨(长 44cm、宽 8cm)

现代

双鸭山市饶河县四排赫哲族乡征集

在蒙元时期，桦树皮常常被用作蒙古贵族已婚妇女的头饰，被称作“顾姑”。《长春真人西游记》中记载漠北居民“妇人冠以桦树皮，高二尺许，往往以皂褐笼之，富者以红绡。其末如鹅鸭，名曰故故。”可见，桦皮文化在元代蒙古人的生活当中也充满生机地表现了出来。

• 头戴顾姑冠的元代蒙古贵族已婚妇女

• 长春真人丘处机

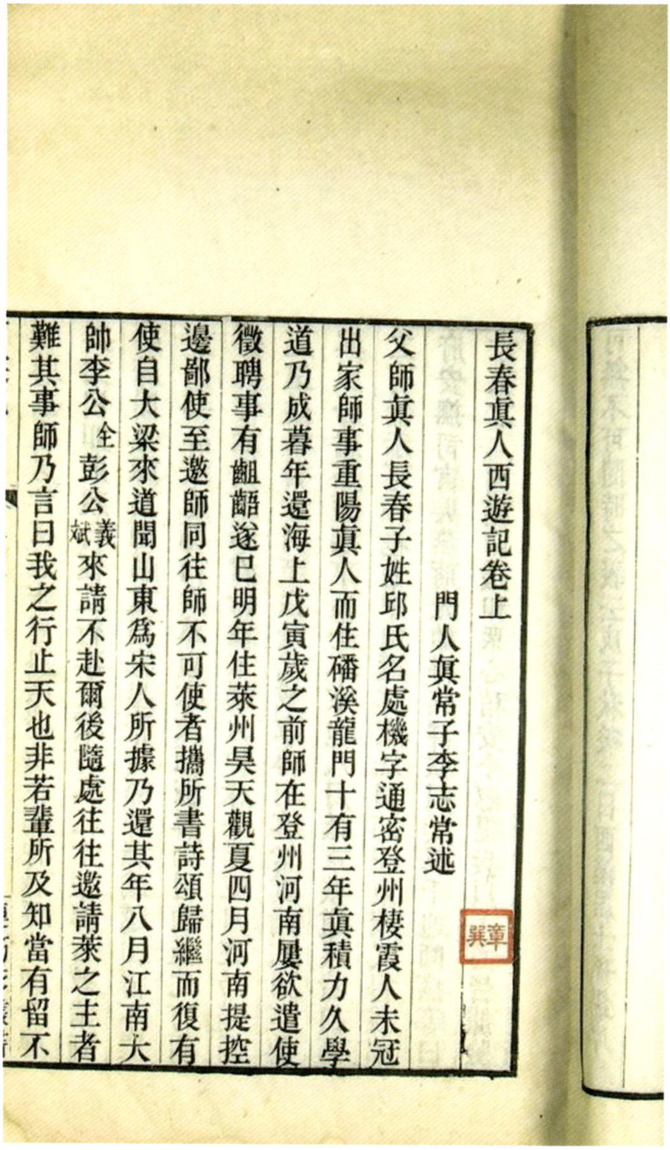

長春眞人西遊記卷上

門人眞常子李志常述

父師眞人長春子姓邱氏名處機字通密登州棲霞人未冠出家師事重陽眞人而住磻溪龍門十有三年眞積力久學道乃成暮年還海上戊寅歲之前師在登州河南屢欲遣使徵聘事有齟齬遂已明年住萊州昊天觀夏四月河南提控邊鄙使至邀師同往師不可使者攜所書詩頌歸繼而復有使自大梁來道聞山東爲宋人所據乃還其年八月江南大帥李公全彭公義斌來請不赴爾後隨處往往邀請萊之主者難其事師乃言曰我之行止天也非若輩所及知當有留不

• 《长春真人西游记》

◎ 赫哲族桦皮帽（直径 37cm、高 16cm）

现代

双鸭山市饶河县四排赫哲族乡征集

清代对北方民族桦皮文化的记载尤为详尽具体，地方文献也多有提及。满族入关后，在东北地区专门设立了桦皮厂和相应的职官负责桦树皮的征收，因此东北每年要进贡大量的桦树皮。而桦树皮也作为重要的军用物资，被清廷广泛用作弓、刀把儿、鞍镫等物。

• 乾隆皇帝戎装像（清 · 郎世宁绘）

• 《皇清职贡图》中描绘的鄂伦春人形象

• 鄂伦春族“斜仁柱”

史料一:“鄂伦春地宜桦。冠、履、器具、庐帐、舟渡，皆以桦皮为之。”——《龙沙纪略》

史料二：“拉发北数十里，特设桦皮厂，有章京、有笔帖式、有打桦皮人，每岁打桦皮入内务府，辽东桦皮，遂有市于京师者矣。”——《柳边纪略》

史料三:“山谷多桦木……皮以贴弓，为车盖，为穹庐，为扎哈，缝之如栲栳，大担水，小盛米面，谓之桦皮斗。”——《黑龙江外记》

史料四：“以桦皮作船，大者能容数人，小者挟之而行，遇水则渡，游行便捷。又以桦皮盖窝棚，并有剥薄皮，缝联作油单，大雨不漏。”——《吉林外记》

史料五：“桦皮厚盈寸许，取以为室，覆可代瓦，旁作墙壁户牖，即以山中所产之木用之，费不劳而工省。满洲旧风，无殊周之陶复陶穴也。”

“野处穴居传易传，桦皮为屋鲜前闻。风何而入雨何漏，梅异其梁兰异棼。占吉檐头鹊常报，防寒墙角鼠还熏。称名则古惟淳朴，却匪斐然周尚文。”

——清高宗 爱新觉罗·弘历《周斐》(原注：桦皮房也)

◎ 赫哲族提梁桦皮桶（直径 27.5cm、高 33cm）

现代
双鸭山市饶河县四排赫哲族乡征集

◎ 鄂伦春族圆形桦皮盒（直径 29cm、高 23cm）

现代
大兴安岭地区呼玛县白银纳乡征集

◎ 鄂伦春族圆形桦皮篓（长 25cm、宽 19.5cm、高 20cm）

现代
大兴安岭地区呼玛县白银纳乡征集

历史悠久、渊源极深的桦树皮文化是北方游猎民族创造出来的富有浓郁地域色彩的古老文化。这种跨越民族界限，相互交流融合的文化，不仅成为历史的见证，同时也成为绚丽多姿、博大精深的中华文明的重要组成部分。

# 巧夺天工
## ——桦树皮的制作工艺

黑龙江地区桦皮资源十分丰富，且桦树皮质地柔韧，不易透水、腐烂，从而使桦皮制品具有简洁轻便、便于塑造、不易损坏的特点。这使世居在这片黑土地上的渔猎民族加工制作了丰富多样的日常生活用品，形成了独具地方特色和民族风情的桦皮工艺品。

• 桦皮盒

• 赫哲族桦皮桶

• 赫哲族桦皮罐

• 鄂伦春族桦皮水桶

• 鄂伦春族桦皮蓝莓撮子

◎ 赫哲族桦皮笸箩（直径 36cm、高 10cm）

现代

双鸭山市饶河县四排赫哲族乡征集

◎ 鄂伦春族桦皮盒（长 28cm、宽 17cm、高 6cm）

现代

大兴安岭地区呼玛县白银纳乡征集

农历五、六月份是剥取桦树皮的最佳时节。这一时节大、小兴安岭的桦树刚刚长出浅绿的嫩叶，桦树皮水分较多、柔韧性强、容易剥落，是剥取桦树皮的最佳时机。如若提前剥取，桦树皮则会比较干燥，柔韧性也比较差。一旦错过剥取的最佳时节，桦树皮就会变得坚硬。

• 剥取桦皮后的白桦树

◎ 赫哲族桦皮盆（直径 32cm、高 5cm）

现代

双鸭山市饶河县四排赫哲族乡征集

◎ 鄂伦春族桦皮筒（直径 10cm、高 10.5cm）

现代

大兴安岭地区呼玛县白银纳乡征集

剥取桦树皮一般会选择树干笔直、树面光泽、无硬结的白桦树，再根据所制器物的大小量出长度，然后在树干的上下各划一圈，中间再竖划一刀，稍稍一启，整张桦树皮便剥落下来。剥取桦皮必须非常仔细，需要高超的技艺，以保证桦树剥皮后不死。被剥取树皮的桦树能长出新皮，正常生长，只是剥皮处不能再次剥取。

• 剥桦皮

• 桦树皮

◎ 赫哲族桦皮碗（口径 19cm、高 7cm）

现代

双鸭山市饶河县四排赫哲族乡征集

剥下的桦树皮需要进行细致的加工，先将桦树皮里面的硬皮和凹凸不平的部分削去，然后将桦树皮熟软，熟软一般是用水煮、水蒸或火烤的方法。桦树皮经熟制变软后将它们摞起压平，最后根据所需要的形制进行裁剪。

• 剪裁桦皮

• 鄂伦春族桦皮碗

## ◎ 赫哲族桦皮杯（直径 7cm、高 6cm）

现代

双鸭山市饶河县四排赫哲族乡征集

裁剪完成的桦树皮一般要刻压或熨烫花纹，尤以刻压花纹居多。先将花样描绘在桦树皮上，然后沿图案的形状，进行刻压或熨烫。桦皮器皿上的装饰纹样尤以植物纹饰和几何纹饰居多，动物纹、人物纹比较稀少，与此同时还有象征性纹样和借鉴纹饰。

• 刻压桦皮

• 传统纹饰图样的鄂伦春族桦皮盒

◎ 鄂伦春族犴骨压花器（长 12cm、宽 1cm）

现代

大兴安岭地区呼玛县白银纳乡征集

◎ 赫哲族桦皮针线盒（长 16cm、宽 7cm、高 3cm）

现代

双鸭山市饶河县四排赫哲族乡征集

• 木锤

• 制作桦皮器的敲击石

桦树皮制品的对接方法一般有两种：一是用狍筋线、鹿筋线或马尾和线麻搓成的线缝合，这些线经久耐用且不易沤烂；二是将对接处的桦皮剪成锯齿状，两片桦皮互相穿插咬合。最后，在对接处涂上兽油并用火烘烤，使其不易断裂和渗水。

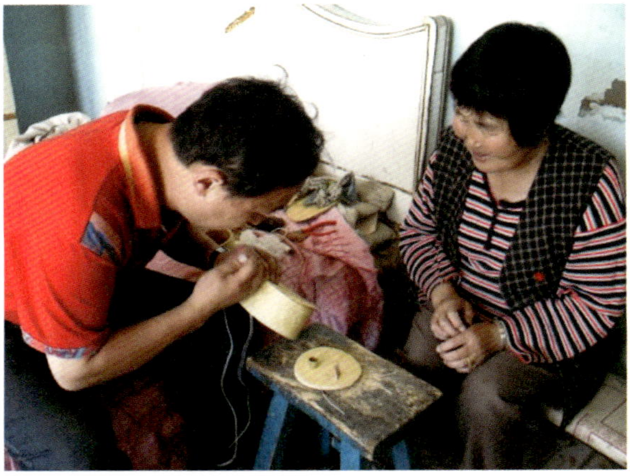

• 缝制桦皮器物

• 鄂伦春族桦皮篓

◎ 赫哲族桦皮圆盒（直径 14cm、高 20cm）

现代

双鸭山市饶河县四排赫哲族乡征集

◎ 鄂伦春族桦皮圆盒（直径 16cm、高 12cm）

现代

大兴安岭地区呼玛县白银纳乡征集

桦皮器极大限度地利用了桦树皮资源，即使一件不能修补的桦皮器，也会被作为引火之柴燃尽成灰，回归自然，开始新一轮的自然循环。这种资源循环利用的物质文化，有助于保护大、小兴安岭森林的郁郁葱葱，也使山林居民得以持续地使用这种生活资源，真正实现了人与自然的和谐统一。

• 赫哲族桦皮画

• 鄂伦春族压花桦皮盒

• 鄂温克族桦皮圆盒

◎ 赫哲族桦皮篓（长 40cm、宽 16cm、高 45cm）

现代

双鸭山市饶河县四排赫哲族乡征集

# 白桦遗韵
## ——桦树皮文化的载体

桦皮船，鄂伦春语称“奥木鲁钦”，赫哲语称“乌莫日沉”，是北方渔猎文化的典型器物。桦皮船以樟松木为架，外包桦皮，并以松油涂灌缝隙，船体两端尖细微翘，呈柳叶形。桦皮船小巧轻盈，使用灵活便捷，是鄂伦春、鄂温克、赫哲等北方渔猎民族重要的捕鱼狩猎工具。

• 鄂伦春族桦皮船

• 《皇清职贡图》中乘桦皮船的恰喀拉人

◎ **赫哲族桦皮船模型（长 126cm、宽 19cm、高 10cm）**

现代

双鸭山市饶河县四排赫哲族乡征集

桦皮摇篮，亦称桦皮悠车，是北方游猎民族抚育婴儿的用具。桦皮摇篮由桦皮和兽筋线缝合，四周刻画有动植物花纹，并在摇篮头部坠有野猪牙和小型动物的骨骼，随着摇篮的悠动，可发出有节奏的声响，从而起到催眠的作用。桦皮摇篮不仅是育婴用具，更是北方游猎民族女子出嫁时必备的嫁妆，姑娘结婚时母亲要亲自为女儿制作桦皮摇篮，以象征对女儿和子孙的美好祝愿。

• 桦皮摇篮

◎ 赫哲族桦皮摇篮（长 76cm、宽 30cm、高 25cm）

现代

双鸭山市饶河县四排赫哲族乡征集

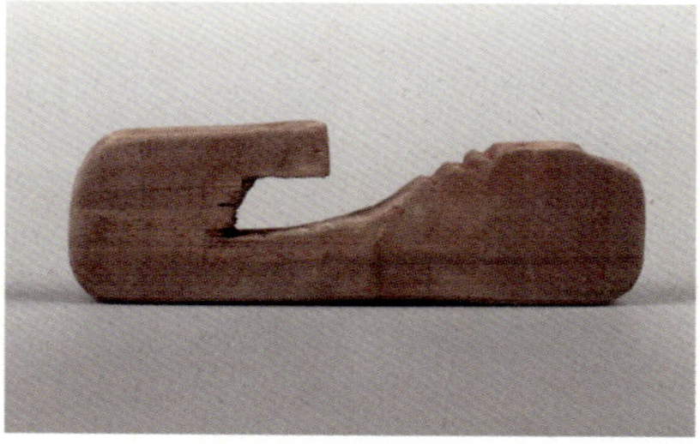

◎ 鄂伦春族摇篮挂钩

现代

大兴安岭地区呼玛县白银纳乡征集

桦皮箱，长方形，桦皮缝制，子母口盖，外刻花纹图案，是最能体现北方渔猎民族桦皮刻画艺术文化的典型器物。桦皮箱一般刻画的各式复杂多样的精美纹饰，是北方渔猎民族刻画工艺及刻画文明的集中体现。每当女子出嫁时，女方都要随身携带一个精心制作的桦皮箱作为嫁妆，用来盛装贵重的首饰、衣物及珍贵、心爱的物品。

• 桦皮箱

◎ 赫哲族桦皮箱（长 60cm、宽 38.5cm、高 25cm）

现代
双鸭山市饶河县四排赫哲族乡征集

## 单元结语：

历史悠久、渊源极深的桦树皮文化是北方游猎民族创造出来的富有浓郁地域色彩的古老文化。这种跨越民族界限，相互交流融合的文化，不仅成为历史的见证，同时也成为绚丽多姿、博大精深的中华文明的重要组成部分。

第四单元

# 民族瑰宝　薪火相传

厚重沧桑的历史文脉，千年传承的智慧结晶，是先人生活时代的见证，是灵动秀美的物化瑰宝，更是生生不息的岁月传承。时间飞逝，斗转千年，往昔痕迹，淡出记忆。昔日生活的遗存，是民族艺术的瑰丽，将过去和未来连在一起，在一代代艺人的手中，继续传承延续。

# 赫哲族鱼皮制作技艺传承人——尤文凤

**尤文凤** 女 赫哲族 1952 年生 初中文化 黑龙江省同江市街津口乡渔业村村民

尤文凤 12 岁起随母亲尤翠玉学鱼皮制品制作，初期帮助母亲制作简单的手工制品，1970 年后基本掌握这门技艺，能制作鱼皮衣、裤、鱼皮靰鞡、孩童帽子、鱼皮包等复杂制品。

尤文凤在承袭母亲的部分传统技艺的同时，作了一些大胆的创新性尝试，制作的鱼皮剪刻工艺品和鱼皮纹饰均有独到之处。她的鱼皮服饰等主要作品被黑龙江、北京及日本等多家博物馆收藏，还多次参与展览交流。尤文凤多次接受国家、省新闻媒体采访报道，其精湛的鱼皮制作工艺得到社会各界好评。2006 年，她被授予“国家级非物质文化遗产名录——赫哲族鱼皮制作技艺代表性传承人”。2012 年，她又被授予“黑龙江省非物质文化遗产名录——赫哲族伊玛堪代表性传承人”。

# 鄂伦春族狍皮制作技艺传承人——葛长云

**葛长云** 女 鄂伦春族 1947年生 小学文化 黑龙江省黑河市爱辉区新生乡新生村村民

葛长云生长在鄂伦春族聚居地，自幼和姑姑葛不错学做皮活，如今她已全部掌握了传统狍皮手工制作的技艺，能独立完成从剥皮到缝制衣裤成品的制作全过程。

葛长云制作的皮被、套裤、手套、“其哈密”、背包等生活用品结实、耐用，狍头帽做得细致生动、惟妙惟肖，特别是她在兽皮制品上进行的刺绣装饰非常的典型精致，充分地体现出鄂伦春族的纹饰艺术特征。她的狍皮制品被多家博物馆收藏，并多次接受党和国家领导人的接见及国家、省市媒体的报道，对保护民族文化传统作出了极大的贡献。2009 年，她被授予“黑龙江省非物质文化遗产名录——鄂伦春族狍皮制作技艺代表性传承人”。

# 鄂伦春族斜仁柱制作技艺传承人——孟淑卿

**孟淑卿** 女 鄂伦春族 1943 年生 高中文化 原黑龙江省呼玛县白银纳鄂伦春族乡副乡长

孟淑卿 10 岁随家人来到白银纳乡定居，是现存为数不多的有游猎生活经历、熟练掌握民族语言的鄂伦春族老人。而且在长期从事鄂伦春民族工作期间积累了丰富的经验，搜集整理了大量的鄂伦春族民歌、谚语等方面的第一手资料。

孟淑卿退休后专心致力于民族传统文化的保护和挖掘工作，用退休金购买兽皮等制作鄂伦春族生活用具的原材料，以实际行动带动鄂伦春族村民加入其中，手把手向年轻人传授民族手工艺品制作技艺。多年来，她为鄂伦春族基金会，国家民族博物馆，长春、沈阳、内蒙古、黑河、漠河民族风情园等单位和个人制作了百余件兽皮和桦树皮制品。2009 年，她被授予“黑龙江省非物质文化遗产名录——鄂伦春斜仁柱制作技艺代表性传承人”。2012 年，她又被授予“黑龙江省非物质文化遗产名录——鄂伦春族萨满祭祀代表性传承人”。

# 桦树皮制作技艺传承人——付占祥

**付占祥** 男 赫哲族 1955年生 大专文化 原黑龙江省饶河县四排赫哲族乡文化站站长

1982年起付占祥开始从师尤连仲，学习桦皮手工技，能独立完成从剥皮到成品的制作全过程，制作出大量桦树皮船及桦皮箱、盒等生活用品。同时，将传统的技艺传承发展，制作出许多桦皮画。

付占祥在继承了古老的传统工艺技法的基础上，又发展改进研制了各种新型桦皮制品。目前，已形成生产工具、生活用品、桦树皮刻画、烫画等几大类。其90余幅作品被省市多家博物馆收藏，多次入选省内及国家级展览并展销，并接受央视一套“中华民族”和央视四套“走遍中国”及省、市电视台多次专题报道。2006年，他被授予“国家级非物质文化遗产名录——桦树皮制作技艺代表性传承人”。

# 结 语

白山黑水自古就是华夏多民族聚居之地，是华夏北疆多彩文化的摇篮。先后有靺鞨、女真、满族等古代民族崛起于白山黑水之间，孕育了光辉灿烂的文化果实，留下了无数的文化遗产，是绚丽多彩的中华文明的重要组成部分。从远古走来的鱼皮文化、兽皮文化、桦树皮文化，也以其独特魅力屹立于北方渔猎文明的舞台上。正是文脉与血脉的双重交织，才让我们的历史、人文，甚至我们的未来得以丰满地延续并闪烁出不朽的光辉……